Maman, je mange !

Données de catalogage avant publication (Canada)
Labelle, Marie-Chantal, 1965-
Maman, je mange !
ISBN 2-89517-044-4
I. Nourrissons - Alimentation. I. Titre.
RJ216.L32 1999   613.2'083'2   C99-940446-6
Participation SODEC

© Coffragants 1999
Collection Éditions Alexandre Stanké
Tous droits réservés
Dépôt légal : troisième trimestre 1999
Bibliothèque nationale du Québec
Bibliothèque nationale du Canada
Première édition

Auteure : Marie-Chantal Labelle
Illustrations : André Pijet
Photographe : Pierre Dionne
Couverture : Frédérike Labelle
Mise en page et
conception visuelle : Marie-Chantal Labelle
                       Paule Migué
                       Infographie HOP
                       Geneviève Simard

Éditions Alexandre Stanké
5524, rue Saint-Patrick, bureau 550
Montréal (Québec) H4E 1A8
Téléphone : (514) 761-1666 ou 761-2722

Marie-Chantal Labelle

Maman, je mange !

Alexandre Stanké

*À Michel, Josée
et Frédérike
qui m'ont grandement
inspirée sans le savoir !*

Un petit mot avant de commencer

L'alimentation d'un enfant durant sa première année de vie est des plus importante. Notre vigilance en ce qui concerne le choix du lait, la qualité et la variété de la nourriture proposée à l'enfant aura des répercussions directes sur la santé de ce futur adulte. Sans en faire tout un plat, sachons qu'on ne doit pas prendre à la légère ce que nous donnons à manger à notre bébé.

Comme la plupart des parents, j'ai tenté de trouver de l'information sur le sujet. J'ai découvert plusieurs ouvrages ainsi que toutes sortes de façons de penser : celles des puristes, des végétariens, des nutritionnistes, des diététistes, des médecins, celles des méthodes anciennes, des méthodes à la mode, et j'en passe. Souvent mes lectures se contredisaient, ce qui provoquait en moi une multitude de doutes et des inquiétudes dont je n'avais vraiment pas besoin.

Avec mes deux filles, Rosemarie et Victoria, j'ai fait des choix et j'ai expérimenté. Je livre ici le fruit de mon expérience de maman en espérant vous éclairer, vous rassurer et vous encourager à faire confiance à votre jugement. Parce que notre instinct et notre petit doigt sont souvent bien meilleurs juges qu'on ne le croit.

Le grand départ !

Quand commence-t-on ?

Du temps de nos grands-mères, on ne donnait à manger « du solide » aux bébés qu'à partir de 12 mois. Ensuite, la tendance disait qu'à 6 mois, l'enfant était prêt.

La mode d'aujourd'hui (si on veut la suivre !) nous suggère d'introduire l'alimentation solide autour de 4 mois chez le bébé né à terme, qui boit le minimum de lait recommandé quotidiennement (voir le chapitre intitulé *Les fameuses quantités*).

Avant cet âge, l'estomac et tout le système digestif du bébé sont immatures. Il a peu de salive et son réflexe de déglutition ainsi que sa coordination neuromusculaire, qui permettent d'avaler le contenu d'une cuiller, ne sont pas encore assez développés.

Un bébé allaité exclusivement au sein peut attendre un peu plus longtemps, mais je ne vous conseille pas de dépasser 5 mois. Plusieurs parents qui ont tenté l'expérience d'attendre 6 mois m'ont affirmé que leur bébé refusait ensuite plusieurs aliments.

Avaleur ou petit cracheur ?

Parfois, à 4 mois, le réflexe de déglutition n'est pas encore tout à fait prêt. Victoria a pris trois semaines avant de comprendre qu'il fallait avaler le contenu de la cuiller. Rosemarie avait compris cela en quelques jours seulement.

Si vous avez un petit cracheur à la maison, continuez de lui donner tous les jours des céréales à la cuiller. Avec de la patience, il finira par comprendre qu'avaler est bien plus intéressant que de cracher.

Si votre enfant tarde à avaler le contenu de sa cuiller, vous pouvez lui donner quelques biberons avec la préparation de lait maternisé Enfalac AR^MD. Cette préparation pour nourrissons est plus épaisse que les formules habituelles, car elle contient de l'amidon de riz. Pendant qu'il s'exerce à avaler ses céréales, votre bébé pourra avoir ainsi une nourriture plus consistante. La préparation Enfalac AR^MD s'apparente à la fameuse Blédine^MD, un produit bien connu en Europe.

 N'essayez pas de mettre les céréales pour bébés dans les biberons de votre enfant. La bouillie qui en résultera bouchera la tétine. Les céréales pour bébés sont conçues pour être données à la cuiller.

Les céréales ouvrent la danse

À 4 mois, un bébé nourri avec une préparation pour nourrissons aura épuisé ses réserves de fer. Le poupon exclusivement allaité au sein les gardera jusqu'à 6 mois. La plupart des céréales pour bébés offertes sur le marché sont enrichies de fer et sont un aliment de choix pour initier votre enfant à la nourriture solide.

Vous rappelez-vous du fameux Pablum^{MD} ? C'est probablement ce que votre mère vous a donné la première fois qu'elle vous a mis une cuiller à la bouche. Pablum^{MD} (du mot latin *Pabulum*, signifiant nourriture) a vu le jour en 1931 et a été la première préparation de céréales pour bébés offerte sur le marché. Les céréales pour bébés ont beaucoup évolué et, aujourd'hui, plusieurs choix nous sont présentés. Les marques les plus connues sont Pablum de Heinz^{MD}, les céréales pour bébés de Heinz^{MD}, Bébérepas de Milupa^{MD} et les céréales pour bébés de Gerber^{MD}.

Ces préparations de céréales ont des taux de fer accepta-bles, c'est-à-dire entre 4 et 14 mg par 100 ml, et ne contiennent aucune huile hydrogénée.

Débutez avec des céréales à grain unique comme l'orge et le riz. Servez une cuiller à thé de céréales sèches mélangées avec du lait maternel ou de la préparation pour nourrissons. Certaines ne se mélangent qu'avec de l'eau, car elles contiennent déjà de la préparation pour nourrissons.

Les premières fois, faites le mélange pour que ce soit presque liquide. De semaine en semaine, épaississez les céréales selon la capacité d'avaler de votre enfant. À partir de ce moment-là, il devrait prendre des céréales pour bébés tous les jours jusqu'à l'âge de 18 mois, au moins.

Vers 6 mois, il pourra commencer à manger les céréales mixtes, faites de grains mélangés, à condition d'avoir précédem-ment goûté aux céréales de riz, d'orge, d'avoine, de maïs, de blé et de soya individuellement. Quelquefois, ces céréales à grain unique sont prémélangées avec des fruits ou des légumes.

Les biscuits d'arrow-root (de type Farley^MD) ne remplacent pas les céréales pour bébés. Mais si vous désirez en donner à votre enfant, préférez-les à tout autre biscuit, car ils sont riches en fer (un biscuit = 2,7 mg de fer) et contiennent peu de sucre. Proposez-les à votre poupon de plus de 9 mois, à l'occasion. Ces biscuits sont généralement assez durs et les bébés adorent s'y faire les dents.

Lorsque le bal est bien engagé avec les céréales pour bébés, introduisez graduellement les légumes, puis les fruits, et ensuite la viande et les légumineuses.

Le plaisir gustatif de la purée maison

Le choix des purées maison

Lorsque Rosemarie est née, j'ai décidé de faire mes purées moi-même parce que je trouvais que les purées des fameux petits pots, la seule autre possibilité à ce moment-là, avaient des goûts fades et contenaient parfois des ingrédients que je ne désirais pas donner à mon bébé.

Faites le test ! Goûtez à une purée de carottes maison et comparez avec une en petit pot, vous comprendrez ! En outre, ils n'offrent pas beaucoup de variété. Avec les petits pots, vous n'avez pas de chou-fleur, d'épinards, de cantaloup, de poisson, de mangues, de poireau, de légumineuses, de brocoli, de fèves de soya... la liste est assez longue.

N'importe quel livre sur la nutrition va vous chanter les mérites d'une alimentation variée. Ce n'est pas dans les petits pots que vous trouverez cette chanson-là.

Faire des purées maison, c'est aussi ce qu'il y a de plus économique.

« *Si on limite la comparaison au coût d'achat des aliments, les petits pots coûtent environ deux fois plus cher que les purées maison.* »
Louise Lambert-Lagacé, diététiste, Québec

Apprendre à goûter

Le soin de faire découvrir à l'enfant différentes saveurs est, selon moi, aussi important que l'attention portée à la qualité des aliments. C'est un grand plaisir pour bébé de découvrir des saveurs et des textures.

Proposer des aliments variés dès 6 mois, c'est l'aider à avoir envie de manger toutes sortes de choses lorsqu'il sera plus grand.

Le goût, ça se développe et ça se cultive. Je vous propose de goûter aux purées que vous donnez à votre bébé. Allez chercher le maximum de saveurs dans les aliments et vous ferez un cadeau bien précieux à votre petit amour.

La bouillie !

Pour aider à développer le goût chez votre bébé, évitez de mélanger tous ses aliments.

Il est toujours préférable de donner chaque purée séparément. Une bouillie avec les pâtes, le bœuf, les épinards, les haricots et la compote de pommes n'aidera pas bébé à différencier les saveurs. Le seul avantage de la bouillie, c'est qu'il y a moins de vaisselle à laver ! Les aliments mélangés, même si vous les variez, font une bouillie qui finit toujours par goûter à peu près la même chose. Vous privez ainsi votre enfant de l'expérience du goût et du plaisir de découvrir le monde des saveurs.

Si vous mélangez toujours tous ses aliments, votre enfant prendra cette habitude et vous aurez bien de la difficulté à lui faire manger du brocoli à côté de sa viande lorsqu'il sera plus grand.

Choisir les bons aliments

Pour préparer vos purées maison, vous devriez toujours prendre de la viande, du poisson, des légumes et des fruits frais. Les légumes congelés sont aussi nutritifs que les légumes frais à condition qu'il n'y ait pas d'additifs. Ne les faites pas dégeler avant la cuisson.

Les légumes en conserve ne devraient pas être choisis pour les purées de bébé. Le sel vient souvent en tête de la liste des ingrédients. Même si vous les rincez, une grande quantité de sel reste absorbée dans les légumes. Mis en conserve, les légumes perdent aussi beaucoup de vitamines.

Dans le cas des fruits, c'est différent. Prenez-les en conserve, à l'occasion, si les fruits que vous recherchez sont hors saison ou inabordables. Jetez le jus et rincez-les à l'eau claire avant de les faire légèrement pocher dans un peu d'eau ou de jus non sucré.

« Sur le plan de la valeur nutritive, les purées maison, préparées soigneusement avec de bons aliments et conservées adéquatement au réfrigérateur ou au congélateur, renferment un fort pourcentage des éléments nutritifs contenus dans l'aliment nature. »
Louise Lambert-Lagacé, diététiste, Québec

Comment faire des purées maison

La cuisson

◆ Faites tremper dans deux eaux, une heure au total, les légumes qui poussent hors terre (surtout le brocoli et le chou-fleur) pour éliminer les pesticides. Si vous en avez la possibilité, utilisez les produits provenant de la culture biologique.

◆ Les aliments, les ustensiles et la vaisselle utilisés doivent être impeccablement propres ainsi que vos mains.

◆ Faites cuire les légumes à la vapeur le plus possible (sauf les courges qui vont au four). Coupez les fruits en morceaux et pochez-les dans une casserole avec un peu d'eau ou de jus non sucré, sans pelure, noyaux ni pépins. Le melon, l'ananas frais et la banane n'ont pas besoin de cuisson.

◆ Réduisez en purée au mélangeur (ou robot) aussitôt cuits.

◆ Rajoutez moitié eau de cuisson moitié eau claire pour obtenir la consistance désirée. Nul besoin de rajouter quoi que ce soit d'autre.

◆ N'utilisez jamais l'eau de cuisson des carottes, des pommes de terre, des betteraves, des navets ni des panais, car les nitrates contenus dans cette eau peuvent être dangereux pour un jeune bébé.

◆ Versez la purée dans un bac à glaçons, couvrez d'un papier ciré et déposez au congélateur le plus rapidement possible.

◆ Une fois congelés, transférez les cubes dans des sacs à congélation, retirez l'air et inscrivez la date.

Lorsqu'elle est dégelée, ne remettez pas la purée au congélateur une seconde fois.

Les temps de conservation des purées maison

	Au congélateur	Au réfrigérateur
FRUITS ET LÉGUMES	6 mois	48 heures
VIANDE ET LÉGUMINEUSES	2 mois	24 heures
POISSON	2 mois	12 heures

Il est inutile de faire une très grande quantité de purée à la fois. Le temps des purées très lisses ne dure que cinq à huit semaines. Ensuite, diminuez la quantité d'eau pour rendre la texture des purées plus épaisse, selon la capacité d'avaler de votre enfant.

Alerte à la bombe !

Les allergies alimentaires

Il faut introduire la nourriture solide très graduellement dans l'alimentation de bébé.

Lorsque vous essayez un nouvel aliment, donnez-lui-en pendant quelques jours consécutifs pour vérifier s'il a des réactions allergiques. Si vous offrez une macédoine appétissante à votre bébé de 5 mois et qu'il a une poussée de boutons, vous aurez bien de la difficulté à déterminer quel élément cause la réaction.

L'allergie alimentaire est souvent provoquée par l'introduction trop précoce d'un aliment.

Souvent aussi, elle ne se manifeste pas tout de suite, elle peut survenir six mois ou un an plus tard. Cet aliment devient donc une réelle bombe à retardement.

Si vous avez donné un aliment trop tôt à votre enfant et qu'il a une réaction allergique, retirez-le de son alimentation et redonnez-lui-en plus tard en petites quantités, lorsqu'il aura l'âge requis pour le digérer convenablement. Mais s'il a l'âge de manger l'aliment que vous lui proposez et qu'il a une réaction allergique, consultez votre médecin de famille avant de lui en redonner.

S'il y a des intolérances alimentaires dans votre famille, vous devez redoubler de vigilance et garder votre bébé au lait maternel le plus longtemps possible. C'est la meilleure façon de prévenir les allergies.

Les symptômes allergiques sont très variés. En voici quelques-uns : coliques, irritabilité, vomissements en jet, nez qui coule, eczéma, picotement de la langue ou des lèvres, boutons ou plaques rouges sur la peau, diarrhée ou constipation à répétition. Soyez aux aguets.

« On observe un taux plus élevé d'allergies infantiles dans les pays où le taux d'allaitement est bas et un taux plus faible chez les populations de bébés allaités. »
Louise Lambert-Lagacé, diététiste, Québec

« Les bébés qui ont été nourris au biberon sont au moins 20 fois plus sensibles aux allergies que les enfants nourris au sein. »
Robert S. Mendelsohn, pédiatre, États-Unis

 Il n'est pas rare de voir certaines allergies se résorber complètement avec l'âge. Parlez-en à votre médecin de famille.

Les aliments à surveiller

Parmi les aliments introduits entre 4 et 12 mois, voici ceux qu'il faut surveiller davantage : les agrumes, l'abricot, la pêche, la fraise, la framboise, la mangue, l'ananas, la tomate et le kiwi peuvent causer, entre autres, de l'eczéma dans les familles plus à risque.

Surveillez également le blé, l'œuf et le poisson. Dans les cas d'allergie au lactose ou à la protéine bovine, il faut surveiller le lait de vache, le yogourt, le fromage, le bœuf et le veau.

Si votre enfant est allergique au lait de vache, ça ne veut pas dire qu'il est automatiquement allergique au bœuf et au veau.

 Si votre enfant a une intolérance grave au lait de vache, évitez de lui donner les céréales pour bébés auxquelles vous n'ajoutez que de l'eau. Ces céréales contiennent 35 % de préparation pour nourrissons au lait de vache.

Les fesses rouges

L'érythème fessier chez le bébé est parfois causé par une allergie, mais c'est très rare.

Les fesses rouges sont le plus souvent causées par certaines marques de couches, les poussées dentaires ou la nourriture acide. Si vous avez donné à votre poupon de 5 mois une purée d'ananas et que ses fesses sont rouge vif le soir même, il y a fort à parier que le fruit en soit la cause, mais cela ne veut pas nécessairement dire que votre enfant est allergique aux ananas.

Un jeune poupon mouille plus fréquemment ses couches qu'un bébé plus âgé. Ses fesses sont donc plus en contact avec l'urine. Avant 6 mois, c'est la fréquence des pipis qui cause le plus souvent l'érythème fessier. Si en plus son urine est acide, le risque d'irritation croît.

Après 6 mois, ce sont les poussées dentaires qui deviennent la cause première de l'érythème fessier.

Les fesses rouges peuvent aussi être causées par un manque d'hydratation chez le bébé de plus de 4 mois. Les bébés qui ne boivent pas assez ont une urine concentrée (jaune foncé) qui irrite les fesses plus rapidement.

Mieux vaut plus tard que trop tôt

Dans le prochain chapitre, intitulé *Les saveurs du mois*, je vous suggère l'introduction de certains aliments plus tard que ce qui est généralement proposé dans les livres sur la nutrition des bébés.

Certaines consistances et les saveurs acides sont plus difficilement acceptées par les bébés. Cela justifie de repousser leur introduction.

Les bébés ont une bonne mémoire. Si votre enfant rejette un aliment à 5 mois, il est probable qu'il s'en rappellera à 8 mois lorsque vous tenterez de le lui faire manger de nouveau. Par exemple, pour un poupon de 5 mois, l'abricot en purée maison a un goût très sur. Vous aurez plus de succès en lui en donnant autour de 6 1/2 mois et vous réduirez aussi les risques que votre bébé ait les fesses irritées.

Dans le même ordre d'idées, si votre tout-petit n'aime pas ou digère mal un aliment qui normalement ne provoque pas d'allergie, attendez deux à trois semaines pour faire une deuxième tentative. Si la même réaction se reproduit, respectez son goût et retirez cet aliment de son alimentation. Lorsqu'il sera en âge de s'exprimer, il décidera lui-même s'il désire en remanger ou non.

« Ne vous faites pas de souci si votre enfant n'aime pas du tout certains aliments, en particulier les légumes. Tant qu'il a un régime de base varié, il n'est pas obligatoire qu'il absorbe tous les produits qui existent sur le marché. »
Robert S. Mendelsohn, pédiatre, États-Unis

Les saveurs du mois

Sortez les cuillers !

Commencez doucement mais sûrement à présenter les aliments solides à votre bébé. Toutes les deux semaines, vous ajoutez de nouvelles saveurs à son alimentation, tout en continuant à lui servir les aliments goûtés précédemment.

Voici donc, dans l'ordre, les aliments que je vous propose de donner à votre bébé, après avoir comparé ma documentation *scientifique* et ma propre expérience.

4 mois

Céréales d'orge (1)
Céréales de riz
Courgette

4 1/2 mois

Courge
Haricot jaune
Haricot vert

(1)   Commencez avec une cuiller à thé de céréales sèches pour bébés mélangées avec de l'eau ou du lait maternel (ou préparation pour nourrissons) selon la marque de céréales choisie. Faites le mélange pour que ce soit presque liquide.

5 mois

Céréales d'avoine
Poire
Pomme
Carotte (2)
Banane (3)
Jus de raisin (4)
Jus de pomme
Melon d'eau
Melon miel

5 1/2 mois

Chou-fleur
Brocoli
Oignon (5)
Broco-chou-fleur
Patate douce (6)
Prune
Pêche

(2) La carotte ne doit jamais être mise en purée avec l'eau de cuisson à cause des nitrates qui peuvent être dangereux pour un jeune bébé. Il est même conseillé de rincer les carottes à l'eau bouillie, avant de les réduire en purée.

(3) La banane n'a pas besoin d'être cuite. Écrasez-la à la fourchette avec un peu de lait maternel (ou préparation pour nourrissons) ou d'eau. Les fruits sont donnés au bébé après les légumes. Les fruits sont un dessert.

(4) À cet âge, tous les jus sont servis au biberon dans la proportion suivante : 1/4 de jus (jus pur, sans sucre, sans pulpe) dans 3/4 d'eau. Il n'est pas nécessaire d'acheter les jus spéciaux pour bébés. Servez aussi de l'eau, sans jus, à l'occasion.

(5) Les oignons sont cuits à la vapeur en même temps qu'un autre légume (p. ex. haricots verts) et mélangés dans la proportion suivante : 1/4 d'oignons et 3/4 de haricots.

(6) N'utilisez pas l'eau de cuisson des patates douces. Prenez plutôt du lait maternel ou de la préparation pour nourrissons pour faire cette purée.

 Les purées de légumes faites avec du lait se conservent deux mois au congélateur au lieu de six mois lorsqu'elles sont préparées avec de l'eau.

6 mois

Céréales de soya
Demi-jaune d'œuf (7)
Petits pois (8)
Fromage cottage (9)
Citrouille
Cantaloup
Céréales de maïs

6 1/2 mois

Céréales de blé
Poulet (10)
Agneau
Mangue
Dinde
Abricot

(7)   Le jaune d'œuf est essentiel à la santé du bébé. C'est son premier contact avec des protéines animales, même s'il n'en contient pas beaucoup. Servez un demi-jaune d'œuf cuit dur, écrasé à la fourchette, mélangé aux céréales du matin ou au légume du souper, trois fois par semaine. Ne servez pas le jaune d'œuf coulant (non cuit). Ne donnez pas de blanc d'œuf avant 12 mois. Le blanc renferme une protéine très allergène.

(8)   La purée de pois est très difficile à faire à cause de la pelure des pois. Dans ce cas, je vous conseille les purées de La Mère Poule^{MD}, ou en petits pots. Mais si vous voulez essayer de faire de la purée de pois, choisissez ceux qui sont congelés, déjà cuits, ou des pois secs qu'il faut faire cuire. Les petits pois sont très riches en fer.

(9)   Le fromage cottage (3,25 % m.g.) est une bonne source de protéines. Il remplace la viande à l'occasion. Choisissez le cottage *champêtre*, il y a moins de grumeaux à écraser.

(10)   L'initiation à la viande doit se faire graduellement. Au début, essayez la viande seule et si bébé ne veut pas avaler, mélangez-la avec son légume. Servez-en le midi seulement. Un repas de viande par jour suffit amplement jusqu'à 10 mois. Si vous avez de la difficulté à faire une purée de viande bien lisse, essayez celles de La Mère Poule^{MD}. Elles sont parfaites.

7 mois

Yogourt nature (11)
Veau
Poireau
Tofu (12)
Légumineuses (13)
Fèves de soya (14)

7 1/2 mois

Asperge
Pomme de terre (15)
Ananas (16)
Papaye
Céleri (17)
Porc

(11) Le yogourt nature (3,25 % m.g.) se sert mélangé avec un fruit, le matin ou en dessert. Deux onces (60 ml) de yogourt remplacent la même quantité de lait recommandée quotidiennement. Essayez le yogourt très graduellement si votre bébé est allergique au lait de vache. S'il a une réaction, consultez votre médecin de famille avant de lui en redonner.

(12) Le tofu japonais (Mori-nu^{MD} ou Kikkoman^{MD}) remplace avantageusement les protéines contenues dans la viande. Aucune cuisson n'est requise. Écrasez tout simplement le tofu à la fourchette et mélangez-le avec un légume ou un fruit. Son goût est agréable, sa texture est douce et il est facile à avaler. Conservez le tofu au réfrigérateur dans un contenant ouvert et rempli d'eau pendant environ dix jours.

(13) Les légumineuses en purée (lentilles, pois chiches, pois cassés, haricots rouges ou blancs) remplacent la viande comme le tofu. Si vous choisissez des légumineuses en conserve, il faut les rincer abondamment avant de les réduire en purée.

(14) Faites cuire à la vapeur et mélangez les fèves de soya (aussi appellées fèves germées) avec des haricots jaunes ou verts, ce qui améliorera la texture et le goût.

(15) La pomme de terre n'est pas un légume assez complet. Elle ne doit pas être servie plus d'une fois par semaine et doit toujours être accompagnée d'un autre légume. Utilisez un peu de lait maternel ou de préparation pour nourrissons pour faire la purée de pommes de terre.

(16) Comme l'ananas est très acide, mélangez-le avec de la banane crue écrasée à la fourchette. Très bon dessert! Bébé adorera! Si ce n'est pas la saison, vous pouvez vous en procurer en conserve. Jetez le jus et rincez bien les morceaux d'ananas avant de les faire pocher dans un peu d'eau. Offrez l'ananas frais à votre bébé, sans cuisson.

(17) Je vous suggère de couper le céleri en petits cubes avant de le faire cuire pour éviter la présence de grands fils dans la purée.

8 mois

Kiwi
Épinards
Jus d'orange
Foie de poulet (18)
Chou
Poisson blanc (19)
Pois mange-tout (20)

(18)   Le foie de poulet (dont le goût est plus doux que celui des autres foies) est servi en purée, une fois par semaine seulement. Mélangez la purée de foie avec de la patate douce ou de la courge, ça passera mieux. Très bonne source de fer et de protéines.

(19)   Le poisson blanc frais (choisir de la sole, du flétan, de la morue ou de l'aiglefin) se cuit poché dans du lait homogénéisé, ou simplement bouilli dans de l'eau pour les bébés allergiques au lait, avec un peu d'oignon. Choisissez des poissons jeunes et petits ; le risque de contamination par des polluants est alors moindre. Ne donnez pas à votre enfant du poisson provenant d'un lac à cause des différents contaminants qui y sont présents, mais une truite élevée en pisciculture peut être donnée à un bébé. N'oubliez pas d'enlever toutes les arêtes ou demandez à votre gentil poissonnier de le faire pour vous.

(20)   Comme pour le céleri, il est préférable de couper les pois mange-tout en petits morceaux avant de les faire cuire, pour éviter la présence de grands fils dans la purée.

« Ayez une attitude très détendue pendant les repas : si votre bébé les trouve agréables et intéressants, vous risquez beaucoup moins d'être confrontée à des problèmes d'alimentation plus tard. »
Élizabeth Fenwick et l'Association médicale canadienne

9 mois

Lait homogénéisé (21)
Betterave (22)
Maïs (23)
Fromage doux (24)
Bœuf
Biscuit d'arrow-root
Raisins verts ou rouges (25)
Persil frais (26)
Pâtes
Pain entier
Navet
Panais
Orange, clémentine

(21)   L'introduction du lait homogénéisé (3,25 % m.g.) se fait très graduellement (voir le chapitre intitulé *L'introduction du lait homogénéisé*).

(22)   Servez la purée de betteraves une fois aux trois semaines seulement. N'utilisez pas l'eau de cuisson.

(23)   Faites cette purée avec du maïs frais ou congelé et un peu d'eau.
Lavez-le bien avant de le faire légèrement pocher. Si vous
n'obtenez pas la texture désirée, essayez la purée La Mère
Poule^MD, ou celle en petits pots.

(24)   Les fromages doux à pâte ferme (choisir du cheddar blanc, du oka
ou du gouda) se donnent à bébé en gros morceaux à sucer.
Essayez les fromages doux très graduellement si votre bébé est
allergique au lait de vache. S'il a une réaction, consultez votre
médecin de famille avant de lui en redonner.

(25)   La purée de raisins, mélangée avec les céréales du matin, est un
délice pour bébé. On peut aussi servir les raisins sans cuisson à
partir de 9 mois. Dans ce cas, chaque raisin doit être pelé et
coupé en quatre dans le sens de la longueur. La grosseur d'un
raisin entier est de la même dimension que l'ouverture de son
œsophage. Attention, bébé peut s'étouffer !

(26)   Le persil frais, cuit à la vapeur pendant trois minutes, est une
excellente source de vitamine C. Il faut le mélanger en petite
proportion avec d'autres légumes comme la carotte, par exemple.

12 mois

Céréales 1 an
(p. ex. *Bébérepas de Milupa*^{MD}, étape 4)
Tomate
Avocat
Aubergine
Poivron
Riz entier
Petits fruits (27)
Œuf entier (28)
Raisins secs

(27)   Les bébés adorent les petits fruits : fraises, framboises, mûres, bleuets. Attention, ils sont très allergènes. Allez-y avec modération au début.

(28)   L'œuf entier se sert à la coque, brouillé, au plat ou en omelette. Servir deux à trois œufs par semaine. Le blanc doit être bien cuit à cause de la salmonelle qui s'y trouve parfois.

« Laissez-vous guider par son appétit. Évitez les conflits, laissez le bébé apprécier sa nourriture. Les repas ne sont pas uniquement l'heure de manger, mais ils constituent des moments importants de la vie familiale. Inviter le bébé à y participer « activement » encouragera sa sociabilité, et contribuera à l'intégrer à la famille. »
Élizabeth Fenwick et l'Association médicale canadienne

Les courges, l'aliment magique

En plus d'être très appréciées des bébés, les courges sont nutritives et riches en bêta-carotène. Je vous recommande quatre sortes de courges pour vos purées :

• **La courge Butternut,** de texture très onctueuse, se mélange à merveille avec les viandes qui ont plus de difficulté à passer. La chair orange foncé et sucrée de la courge Butternut a besoin de plus d'eau que les autres courges pour faire une purée crèmeuse. À l'extérieur, elle est beige pâle et sa forme ressemble à une grosse poire allongée.

• **La courge *poivrée*** ressemble à une petite citrouille de couleur vert foncé. Sa chair est orangée et elle a un petit goût sucré. Très peu d'eau est nécessaire pour la réduire en purée. La couleur de sa chair et sa texture ressemblent, à s'y méprendre, à celle du cantaloup.

• **La courge *spaghetti*,** de forme oblongue, est jaune très pâle à l'extérieur et à l'intérieur. Lorsqu'elle est cuite, sa texture est très différente de celle des autres courges. Sa chair a besoin d'un peu plus de temps au mélangeur pour se transformer en une purée onctueuse. Son goût est moins sucré que celui de la courge Butternut, mais tout de même très apprécié des poupons.

• **La courge Golden,** de couleur orange foncé, a une forme oblongue avec des extrémités pointues. On la trouve surtout l'été, dans les marchés en plein air. Sa chair est orangée, sucrée et très aimée des bébés. Les gens qui la cultivent au Québec l'appellent *la courge à bébé*.

Toutes les courges se cuisent de la même façon :

◆ Lavez la courge et ensuite coupez-la en deux dans le sens le plus large.
◆ Déposez les moitiés dans un plat allant au four avec un peu d'eau au fond, en plaçant la chair vers le haut.
◆ Couvrez soigneusement avec une feuille d'aluminium.
◆ Placez les moitiés de courge au milieu du four à 350° F (175° C) et faites cuire pendant au moins 30 minutes.

Le temps de cuisson varie selon la grosseur de la courge. Si la chair se détache bien avec une fourchette, le légume est cuit.

Les petits mélanges

Vers 6 mois, vous pouvez commencer à mélanger deux ou trois aliments ensemble, à l'occasion. En voici quelques-uns qui ont remporté du succès chez nous :

À 6 mois
- haricot vert et oignon
- carotte et agneau
- brocoli et chou-fleur
- pomme et poire

À 7 mois
- porc et pomme
- pomme de terre et céleri
- tofu et mangue
- yogourt et banane

À 8 mois
- foie de poulet et courge Butternut
- épinard, pomme de terre et chou-fleur
- chou et brocoli
- ananas et banane

À 9 mois
- carotte et persil frais
- navet et patate douce
- orange et pomme
- betterave et panais

Avant de faire des mélanges, assurez-vous que votre bébé a goûté aux aliments séparément à quelques occasions.

À vous d'essayer maintenant !

« *Lorsqu'il atteint sa première moitié d'année, cette possibilité de mastiquer des aliments plus consistants existe malgré l'absence de dents.* »
Louise Lambert-Lagacé, diététiste, Québec

9 mois... une belle étape

À partir de cet âge, les fruits et les légumes peuvent être servis crus. On peut aussi donner à l'enfant une demi-rôtie (pain de céréales ou de blé entier) le matin, tartinée d'un peu de beurre ou de compote de pommes.

Les pains bâtons de type Grissol^(MD), de blé entier (sans sésame, sans sel) ont du succès également et gardent bébé occupé dans sa chaise haute pendant que vous mangez.

Même si votre enfant n'a pas encore de dents, ses gencives sont assez dures pour broyer certains aliments. Mais attention ! **Bien qu'il apprécie la nourriture plus consistante, il ne réussit pas toujours à la mâcher suffisamment. Gare aux étouffements ! Il faut rester à côté de bébé et le surveiller.**

Vers cet âge, la quantité de lait diminue (à condition que bébé mange de tout : céréales, viande, fruits et légumes variés, fromage, yogourt). Vous pouvez commencer à lui donner son lait au gobelet ou au verre à bec, si ce n'est pas déjà fait.

Vers 10 mois, vous devez commencer à initier votre bébé à la nourriture présentée en morceaux. Par exemple, donnez-lui du poulet coupé en lanières, des carottes et des haricots entiers qu'il peut prendre avec ses doigts.

Si vous ne faites pas la transition vers cet âge, votre enfant risque de vouloir des purées bien longtemps.

« Votre bébé aura envie de manger seul bien avant d'en être capable. Même s'il salit tout, et même s'il mange lentement, encouragez-le le plus possible : ce sont ses premiers pas vers l'indépendance. »
Élizabeth Fenwick et l'Association médicale canadienne

Les horaires de Rosemarie et Victoria

Horaire à 4 mois

◆

Déjeuner
Lait, 6 oz (180 ml)

Dîner
Lait, 6 oz (180 ml)
1 c. à thé de céréales

Souper
Lait, 5 oz (150 ml)

Soirée
Lait, 6 oz (180 ml)

Nuit
(si bébé se réveille)
Lait, 4-5 oz (120 à150 ml)

Horaire à 4¹ᐟ² mois

◆

Déjeuner
Lait, 6 oz (180 ml)

Dîner
Lait, 6 oz (180 ml)
1 c. à thé de céréales
et 1 cube-légume

Souper
Lait, 5 oz (150 ml)
1 c. à thé de céréales

Soirée
Lait, 6 oz (180 ml)

Nuit
(si bébé se réveille)
Lait, 4-5 oz (120 à 150 ml)

Le lait se donne environ une heure avant le repas. Par exemple, si bébé commence son biberon à 11 h 30, il dînera vers 12 h 30. Les solides viennent compléter le lait, non le remplacer.

On commence l'introduction des légumes avant celle des fruits. Ils seront mieux acceptés en procédant de cette façon.

Horaire à 5 mois

Déjeuner
Lait, 6-7 oz (180 à 210 ml)
2 à 3 c. à thé de céréales
et 1 cube-fruit

Dîner
Lait, 6 oz (180 ml)
1 cube-légume et 1 cube-fruit

Souper
Lait, 6 oz (180 ml)
2 à 3 c. à thé de céréales

Soirée
Lait, 6-7 oz (180 à 210 ml)

Nuit
(si bébé se réveille)
Lait, 4 oz (120 ml)
ou eau tiède

C'est à vous de juger de l'appétit de votre nourrisson. S'il a de la difficulté à finir son lait, il faut diminuer les quantités d'aliments solides. S'il semble vouloir boire plus de lait que ce qui est recommandé, il faut augmenter les quantités d'aliments solides.

Si vous avez choisi des céréales pour bébés auxquelles vous n'ajoutez que de l'eau, vous pouvez, à l'occasion, remplacer cette eau par un jus de fruits non sucré.

Horaire de 6 à 9 mois

Déjeuner
Lait, 8 oz (240 ml)
4 à 6 c. à thé de céréales,
2 cubes-fruit
et 1 demi-jaune d'œuf ou
yogourt ou fromage cottage

Dîner
Lait, 6-8 oz (180 à 240 ml)
1 cube-viande ou substitut,
1 cube-légume et 1 cube-fruit

Après-midi
Eau avec jus, 4 oz (120 ml)

Souper
Lait, 6-8 oz (180 à 240 ml)
4 à 6 c. à thé de céréales
et 2 cubes-légume

Soirée
Lait, 8 oz (240 ml)

Nuit
(si bébé se réveille)
Eau tiède

Si vous avez choisi des céréales pour bébés auxquelles vous n'ajoutez que de l'eau et que vous désirez les épaissir, remplacez l'eau par une purée de fruits ou de légumes de consistance plus liquide (p. ex. courgette, céleri, melon, raisin).

Horaire de 9 à 12 mois

◆

Déjeuner
Lait, 8 oz (240 ml)
Env. 10 c. à thé (50 ml) de céréales,
2 cubes-fruit et 1 demi-jaune d'œuf
ou yogourt ou fromage cottage

Dîner
Lait, 5-6 oz (150 à 180 ml)
1 cube-viande ou substitut,
2 cubes-légume et 1 cube-fruit

Après-midi
Eau avec jus, 6 oz (180 ml)
et une collation (facultatif)

Souper
Lait, 5-6 oz (150 à 180 ml)
1 cube-viande ou substitut,
2 cubes-légume et 1 cube-fruit

Soirée
Lait, 6 oz (180 ml)

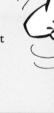

 Vers 9 mois, la quantité de lait diminue et celle des aliments solides augmente.

 Commencez à garder bébé dans sa chaise haute pendant le repas de la famille pour l'habituer tranquillement au rite du repas. Parlez-lui et faites-le « participer aux discussions ». Pour l'intéresser davantage, donnez-lui quelque chose qu'il peut manger avec ses doigts (p. ex. un quartier de pomme ou un morceau de pain).

Les collations et les boissons

Mon avis sur la collation

Personnellement, je n'ai jamais été beaucoup en faveur des collations pour les bébés. Ils ont déjà un horaire assez chargé avec les siestes, les boires et les repas, si en plus on ajoute une collation le matin et une l'après-midi (comme le recommandent plusieurs livres sur la nutrition), bébé va manger ou boire toutes les heures !

Je crois aussi que laisser l'estomac tranquille pour une période de trois heures consécutives est une bonne chose. Mais au-delà d'un an, une demi-poire et un petit morceau de fromage l'après-midi, après la sieste, rendent souriants bien des petits enfants et les font patienter jusqu'au souper, surtout s'il est tardif.

À propos du melon

Le melon est un excellent fruit à donner en collation parce qu'il ne bourre pas l'estomac. Il a plutôt la propriété d'ouvrir l'appétit. Dans les grands restaurants, le melon est souvent une entrée de choix. C'est aussi un fruit qui se mélange difficilement avec ses pairs. Si vous le servez seul, en collation, c'est parfait !

Vous avez le choix entre le melon d'eau, le melon miel et le cantaloup. Vous pouvez commencer à offrir les melons à partir de 5 mois, sans cuisson. Le jus de melon maison est aussi très apprécié des tout-petits.

L'importance de l'eau

Il faut encourager les bébés (de plus de 4 mois) et les jeunes enfants à bien s'hydrater, à boire de l'eau et des jus pour le bon fonctionnement de leurs intestins.

Lorsque mes filles ont commencé à prendre leur bouteille toutes seules, c'est-à-dire vers 8 mois, je laissais un biberon de 4 oz (120 ml) d'eau tiède dans leur lit avant d'aller me coucher. Le biberon était bu soit dans la nuit, soit tôt le matin.

Les pleurs nocturnes des bébés sont souvent dus à la soif et, croyez-moi, **ce n'est pas systématiquement de lait dont ils ont envie.**

Après 12 mois, Rosemarie et Victoria trouvaient à boire autant qu'elles le désiraient. Je laissais parmi leurs jeux des verres à bec pleins d'eau, toujours à portée de leurs petites mains. À quatre ans, Rosemarie avait l'habitude de me demander de l'eau, à heures régulières, en me lançant : « Je suis la plus grande *boiveuse* d'eau du monde ! » ou « J'ai envie de boire un océan, maman ! »

 Trop d'eau chez un nourrisson peut le déminéraliser et agir comme un genre de lavement d'estomac. Trop d'eau peut aussi prendre trop de place dans l'estomac d'un bébé pour qui l'heure du boire est proche. Avant 3 mois, ce n'est pas conseillé mais une once (30 ml) d'eau tiède, de temps en temps, fait beaucoup de bien aux bébés qui ont des coliques ou qui souffrent de la chaleur.

 Les bébés allaités exclusivement au sein ont moins besoin de s'hydrater puisque le sein procure de l'eau à l'enfant au début de chaque tétée.

Claire comme de l'eau de roche

Vous devez faire bouillir l'eau environ 10 minutes et la faire refroidir à la température de la pièce pour faire les préparations pour nourrissons de votre bébé de moins de 4 mois. Cet avis concerne tout autant l'eau de l'aqueduc municipal que celle des puits artésiens et l'eau embouteillée. L'eau bouillie et refroidie se conserve au réfrigérateur environ deux à trois jours.

Après 4 mois, vous pouvez commencer graduellement à utiliser la même eau que pour les autres membres de la famille, sans la faire bouillir. Avant d'utiliser celle du robinet, laissez-la couler et attendez qu'elle soit bien froide. L'eau provenant du réservoir à eau chaude ne devrait jamais être utilisée pour la consommation. Elle contient du plomb et d'autres contaminants.

Soyez vigilant également si vous avez une distributrice d'eau. Nettoyez-la tous les mois, sinon le taux de bactéries prendra des proportions inacceptables pour votre bébé.

Chez nous, j'ai commencé à utiliser la cruche Brita^MD et son filtre lorsque Rosemarie a eu 4 mois. Depuis, nous ne pouvons plus nous en passer, le goût de l'eau a pris une toute nouvelle signification dans notre famille ! Le filtre Brita^MD élimine jusqu'à 98 % du chlore contenu dans l'eau du robinet ainsi que 99 % du plomb et 93 % du cuivre.

Si les tuyaux de votre maison sont vieux, c'est une bonne solution !

« Veux du JUS ! »

Les jus purs et sans sucre sont excellents pour les bébés de plus de 5 mois. Toutefois, il faut **faire attention aux quantités de jus** que l'on donne aux tout-petits.

Dans une journée, un bébé âgé entre 6 et 12 mois ne devrait pas boire plus de 2 oz (60 ml) de jus dilué dans 4 oz (120 ml) d'eau ; cela vous fait un biberon de 6 oz (180 ml). Entre 5 et 6 mois, 1 oz (30 ml) de jus suffit amplement. Le reste de la journée, votre enfant devrait boire de l'eau, sans jus.

Bien qu'ils soient « sans sucre », les jus contiennent quand même le sucre naturel des fruits. Même si ce sont de bons sucres, ils provoquent chez plusieurs bébés des réactions diverses comme de l'excitation, une volubilité inhabituelle et de l'insomnie. Si vous voulez que votre enfant dorme, évitez de lui donner du jus au moins deux heures avant de le mettre au lit, même si le jus est coupé avec de l'eau. Au contraire, si vous avez envie de le garder éveillé, c'est le moment de lui en donner.

Ne remplacez pas les fruits par des jus. Vous perdez ainsi tous les bienfaits de la pulpe, qui contient la majorité des

vitamines. C'est une des raisons pour lesquelles les jus préparés et vendus dans le commerce sont additionnés de vitamine C (acide ascorbique).

Si vous faites des jus maison à l'aide d'un extracteur, ils doivent être bus immédiatement. Dès qu'un jus de fruit ou de légume est extrait et exposé à l'air, il commence à perdre ses vitamines.

Les *boissons aux fruits* et les *cristaux pour jus de fruits* sont souvent moins chers mais ne contiennent aucun jus ou très peu. Recherchez toujours les étiquettes *jus 100 % pur*.

La carie du biberon

Elle existe vraiment, même si votre bébé n'a pas encore de dents.

Les sucres contenus dans le lait et les jus se transforment en acide pendant la nuit ou la sieste et traversent la gencive pour attaquer les futures dents.

Le seul biberon qui devrait être donné au coucher est le biberon d'eau. Endormir un bébé pour la nuit avec un biberon d'eau tiède n'est pas si difficile, il suffit de lui en faire prendre l'habitude dès l'âge de 5 ou 6 mois.

Un truc pour prévenir la carie : passez une petite débar-bouillette humide sur les gencives de votre bébé et sur ses dents, s'il y a lieu, après chaque repas. Cela ne prend que dix secondes !

L'introduction du lait homogénéisé

L'introduction du lait homogénéisé (3,25 % m.g.) se fait très graduellement. Vous pouvez commencer vers 9 mois en incorporant dans ses biberons de 8 oz (240 ml), 1 oz (30 ml) de lait homo mélangé avec la préparation pour nourrissons. Un mois après, vous augmentez à 2 oz (60 ml).

De 11 à 13 mois, vous haussez la proportion du lait homo, de semaine en semaine, jusqu'à ce que les biberons ne contiennent plus de préparation pour nourrissons.

Si votre enfant est allaité et que vous ne désirez pas lui donner de biberons, le lait homo peut lui être servi au gobelet ou au verre à bec dès l'âge de 9 mois. S'il n'aime pas le goût, mélangez-le avec du lait maternel.

Il faut attendre l'âge de deux ans pour donner le lait écrémé ou partiellement écrémé.

Un bébé qui prend déjà une préparation pour nourrissons au soya, à cause d'une allergie au lait de vache, ne devrait pas commencer son initiation au lait homo avant l'âge d'un an et ce, de façon très graduelle.

Si, à cet âge, votre enfant a encore des réactions allergiques au lait de vache, vous devriez attendre l'âge de deux ans avant de tenter un nouvel essai ou consulter votre médecin de famille à ce sujet-là.

 De plus en plus, les médecins de famille recommandent de repousser l'introduction du lait homo à 12 mois pour tous les bébés, qu'ils aient ou non des réactions d'intolérance aux produits laitiers. Parlez-en à votre médecin.

Les fameuses quantités

Le médecin a dit...

Jusqu'à 9 mois, le lait maternel (ou préparation pour nourrissons) est primordial. Il est l'aliment de base du bébé. Les aliments solides complètent le lait, ils ne le remplacent pas. Ce sont les quantités de lait qu'il faut surveiller et non les quantités d'aliments solides.

Selon diverses sources consultées sur le sujet, voici les quantités de lait recommandées quotidiennement :

Jusqu'à 6 mois :	**35 oz (1 035 ml)**
Après 6 mois :	**30 oz (890 ml)**
Après 9 mois :	**25 oz (740 ml)**

La vraie vie

Dans la réalité, j'ai vécu tout autre chose !

Naturellement, avec Rosemarie, ma première, j'étais très inquiète. Elle ne buvait pas les quantités de lait recommandées quotidiennement et j'étais dans la crainte de la voir soudainement maigrir, pâlir, avoir des carences en fer, etc. J'ai eu au contraire un bébé très potelé, en santé... un vrai bébé de lait !

La vraie vie, encore...

Lorsque Victoria est née quatre ans plus tard, le même scénario s'est répété. Elle buvait les mêmes quantités de lait que sa sœur aînée. Je n'étais plus inquiète du tout.

Je suis quand même allée plus loin dans mes recherches en interrogeant une quinzaine de parents pour voir si mes filles faisaient exception à la règle. À plus ou moins 5 oz (150 ml), je ne me trompais pas.

Selon ce que j'ai constaté, il est plutôt rare de voir un nourrisson de 3 mois boire 35 oz (plus d'un litre) de lait par jour.

Voici les quantités de lait que mes filles ont bu quotidiennement :

De 0 à 1 mois :	17 oz (500 ml)
De 1 à 2 mois :	20 oz (590 ml)
De 2 à 4 mois :	24 oz (710 ml)
De 4 à 6 mois :	28 oz (830 ml)
De 6 à 9 mois :	30 oz (890 ml)
De 9 mois à un an :	25 oz (740 ml)

Les quantités de lait des bébés allaités

Les débuts de l'allaitement avec un premier enfant sont souvent sources d'angoisse. Combien de fois nous posons-nous cette fameuse question : « Est-ce que mon enfant boit suffisamment ? »

Lorsque vous décidez d'allaiter, vous décidez du même coup de faire confiance à la nature, et elle est bien faite.

Le temps d'allaitement dépend de plusieurs facteurs : l'écoulement du lait, la faim du bébé, le moment de la journée, la force de succion et l'humeur du nourrisson. Certains poupons prennent le sein pendant une heure avant d'être rassasiés, d'autres sont repus après dix minutes seulement. Il serait alors plus juste de calculer les quantités de lait en minutes plutôt qu'en mesures fluides et, encore là, cinq minutes d'allaitement chez l'un ne représentent pas les mêmes cinq minutes chez un autre.

À chaque jour au Québec, nombre de parents accourent chez leur médecin de famille avec leur bébé gazouillant et pétant de santé pour des inquiétudes au sujet des quantités de lait absorbé quotidiennement par leur enfant. Si votre petit chéri prend du poids, s'il est enjoué (selon son âge), s'il pleure fort, s'il a bon teint, vous n'avez pas besoin d'un médecin pour vous dire que votre bébé ne manque de rien. La réponse vient de votre enfant et elle est aussi évidente pour votre médecin que pour vous.

Si, comme moi, vous avez parfois besoin d'un peu plus pour vous rassurer, voici une façon de vérifier les quantités de lait que boivent les bébés allaités au sein. Cette méthode est très répandue en France : procurez-vous un pèse-personne pour bébé. Pesez votre enfant juste avant d'allaiter et notez son poids. Faites boire bébé et pesez-le de nouveau tout de suite après.

Avec la table de conversion qui suit, vous pourrez savoir combien d'onces fluides ou de millilitres de lait votre bébé a bu. Vous pouvez le faire, par exemple, une fois par jour pendant 20 jours et cela suffira à vous rassurer.

Différence de poids avant et après l'allaitement		Quantité de lait absorbé	
en onces	en grammes	en onces fl.	en millilitres
1/2 oz	15 g	1/2 oz fl.	15 ml
1 oz	30 g	1 oz fl.	30 ml
2 oz	60 g	2 oz fl.	60 ml
3 oz	90 g	3 oz fl.	90 ml
4 oz	120 g	4 oz fl.	120 ml
5 oz	150 g	5 oz fl.	150 ml
6 oz	180 g	6 oz fl.	180 ml
7 oz	210 g	7 oz fl.	210 ml
8 oz	240 g	8 oz fl.	240 ml

...et glou, et glou, et glou, il est des nôÔtres, il a bu...

Il ne faut pas forcer un bébé à boire plus qu'il ne le veut. C'est lui qui décide. Par contre, vous pouvez l'aider en le gardant éveillé.

Qu'il soit allaité au sein ou au biberon, un nouveau-né a tendance à s'endormir pendant qu'il boit et cela ne veut pas dire qu'il n'a plus faim. Stimulez-le en massant ses pieds, en le dévêtant un peu ou en le caressant doucement. **Mais s'il est éveillé et qu'il tourne la tête ou qu'il pleure, il n'a plus faim**. N'insistez plus.

Si, entre 4 et 9 mois, votre bébé boit moins de 25 oz (740 ml) de lait par jour, vous devez diminuer les quantités d'aliments solides. Vous trouverez ainsi l'équilibre entre le lait (l'aliment de base) et la nourriture solide (l'aliment complémentaire).

Le tout-petit affamé

Il y a aussi des poupons qui boivent plus de lait que tous les autres.

Cela ne devrait cependant pas être une raison pour commencer à donner des céréales à l'âge de 2 mois. Ce n'est pas parce qu'il semble avoir faim, ou qu'il est plus gros que les autres, que son estomac est prêt à recevoir des aliments solides.

Avant 4 mois, l'appareil digestif et le système immunitaire sont encore bien fragiles. La salive est insuffisante et la coordination neuromusculaire n'est pas assez développée pour avaler le contenu d'une cuiller. Donnez-lui tout le lait maternel (ou préparation pour nourrissons) qu'il veut avaler, mais attendez au moins à 3 1/2 mois (encore mieux à 4 mois) pour présenter graduellement les céréales.

Si vous commencez trop tôt l'introduction de l'alimentation solide, votre bébé pourrait, plus tard, développer des allergies alimentaires ou des maladies liées à la digestion. Un bébé qui donne l'impression d'avoir toujours faim a souvent davantage besoin d'être occupé, promené ou amusé.

Le gros mangeur

Certains bébés, souvent des garçons, mangent plus que la moyenne. Bébé a faim, mange avec grand appétit tout ce qu'on lui sert et en redemande. Il n'y a aucun mal à cela à condition que la nourriture solide ne vienne pas remplacer les quantités de lait qu'il doit prendre selon son âge.

Veillez à la qualité des aliments qu'il mange et voyez aussi à ce que votre gros mangeur ne grignote pas trop entre les repas ; c'est souvent tentant de lui donner à manger chaque fois qu'il pleure ou rechigne en implorant le réfrigérateur !

Les fringales nocturnes

Certains bébés ont faim la nuit : ils voudraient non un biberon, mais *un steak et des patates !*

C'était mon cas. J'étais une petite gloutonne nocturne qui dormait le jour et qui voulait manger la nuit ! Ma mère a réglé le problème en suivant les bons conseils de notre médecin de famille. Elle me donnait un morceau de banane écrasée après le dernier biberon de la soirée. La banane tenait mon estomac capricieux occupé toute la nuit et mes parents pouvaient enfin dormir…

C'est fou comme je compatis avec eux aujourd'hui !

L'appétit d'oiseau

Il y a des bébés qui semblent ne jamais avoir faim. Ils prennent de petites portions, n'en redemandent jamais et s'intéressent à tout sauf à la nourriture.

Avant l'âge de 12 mois, il est plutôt rare de rencontrer des enfants avec des appétits d'oiseau, mais cela arrive. Il ne faut pas s'inquiéter outre mesure. **Certains métabolismes fonctionnent très bien sans grande nourriture et il faut que vous respectiez cela.**

La plupart du temps, les petits mangeurs vont privilégier un repas plutôt qu'un autre. Évidemment, essayez d'éviter les collations pour ne pas leur couper l'appétit : une clémentine peut suffire à remplir un petit bedon, surtout si elle est mangée moins de deux heures avant le repas.

Au lieu de calculer sans cesse les quantités de nourriture que votre enfant ingurgite, observez plutôt son énergie, sa vitalité, son teint. Si tout est normal, ne vous inquiétez plus.

La perte d'appétit

À cause d'un rhume, d'une dent ou d'une gastro-entérite, votre enfant peut ne plus avoir envie de manger.

Cela peut durer un, deux et parfois trois jours, puis tout revient dans l'ordre graduellement. Si le rhume persiste ou si votre bébé souffre d'une mauvaise grippe, la perte d'appétit peut se prolonger jusqu'à une semaine. **Assurez-vous qu'il s'hydrate bien même s'il ne mange pas,** surtout si bébé a de la fièvre. Si votre enfant ne veut rien boire, consultez votre médecin de famille. Avant 12 mois, un bébé peut se déshydrater assez rapidement et les conséquences peuvent être graves.

La grève de la faim

Que faites-vous pendant que votre enfant mange ? L'ambiance autour de sa chaise haute est-elle agréable ? Vous intéressez-vous à bébé pendant qu'il mange ? Y a-t-il trop de bruit ? Parlez-vous au téléphone entre deux bouchées ?

Si votre enfant décide de ne plus manger sans raison apparente, à vous de vous poser quelques questions…

Les enfants ont aussi des cycles, comme nous, qu'il faut respecter. Il y a des périodes où ils ont très faim, d'autres où ils ont moins faim et même, parfois, pas faim du tout.

Ne montrez jamais votre mécontentement à bébé s'il ne mange pas tout son bol de purée. Il ne comprendra pas le lien du mécontentement avec le fait qu'il n'a pas terminé une quantité (déterminée par vous) de nourriture et il retiendra que le moment du repas vous donne une moue bien triste. Assez pour lui couper l'appétit !

Gardez en tête et répétez-vous souvent la phrase que l'on voit partout dans les livres sur la nutrition : « Un bébé ne se laissera jamais mourir de faim… » et c'est bien vrai.

L'horaire, toujours l'horaire !

Avant 4 mois

Avant 4 mois, bébé mène une vraie vie de bohème. Le temps n'a aucune importance pour lui et il ne doit pas en avoir pour ses parents non plus. Il est alors très difficile de prendre quelque rendez-vous, que ce soit chez le dentiste, le coiffeur ou votre massothérapeute ! C'est votre petit trésor qui décide du programme de la journée.

À partir de 6 semaines, on peut aider bébé à avoir un horaire, c'est-à-dire, boire toutes les trois ou quatre heures. Un bébé qui boit toutes les deux heures s'épuise et épuise ses parents. Mais s'il boit toutes les trois ou quatre heures, il boit plus de lait à chaque fois et le digère complètement avant d'en vouloir encore.

Pour faire patienter bébé, voici quelques trucs :
• faire une promenade en poussette ou en voiture
• lui chanter des chansons
• le masser
• lui donner un bain
Ne lâchez pas ! C'est pour son bien et le vôtre.

Après 4 mois

Lorsque bébé est âgé de 4 mois, il est important de commencer à établir un horaire fixe pour les boires, les repas et les dodos. La plupart du temps, bébé devient réglé par lui-même sans que vous ne fassiez rien. Bébé boit, mange et dort toujours aux mêmes heures ou presque.

Si, vers 5 mois, votre petit chéri ne semble pas vouloir se régler, vous pouvez l'aider en lui imposant graduellement un horaire.

Vers cet âge, un bébé ne devrait plus être nourri à la demande. Si vous lui donnez à manger ou à boire du lait chaque fois qu'il semble avoir faim ou qu'il pleure, vous contribuerez à initier votre enfant à de mauvaises habitudes alimentaires et au grignotage. **Si votre bébé reçoit une banane ou un biberon chaque fois qu'il pleure, il adoptera à coup sûr de mauvais comportements face à la nourriture.**

Soyez vigilant et, de grâce, ne remplacez jamais une caresse par une banane !

Lorsque l'horaire est bien intégré, il est important de le respecter dans la mesure du possible. Si l'horaire de la journée est modifié (visite, long transport, vacances…) et que bébé ne dort ou ne mange pas à ses heures habituelles, son humeur risque de tomber à plat ! Ce n'est pas très grave et, personnellement, j'encourage à modifier l'horaire de bébé de temps en temps. C'est moins monotone pour les parents et bébé apprend que le changement fait aussi partie de la vie !

L'horaire varie d'une famille à l'autre, car on l'adapte au rythme et au train-train quotidien de la maison. Il est important que l'horaire de bébé coïncide avec le vôtre.

« Fais ta nuit, mon Petit Loup... »

Vers 6 semaines de vie, les bébés commencent à avoir des comportements qui reviennent à intervalles réguliers.

Voici un exemple : votre bébé a des coliques presque tous les soirs vers 20 h ou alors, il est toujours éveillé et actif le matin entre 8 h et 10 h. Cela signifie que votre enfant commence à s'adapter au cycle de 24 heures. Habituellement, trois à six semaines plus tard, votre Petit Loup dort six heures consécutives la nuit.

La lumière joue un rôle très important dans les cycles du sommeil des bébés. Le jour, laissez votre bébé dormir dans une pièce légèrement éclairée. Continuez vos activités quotidiennes sans trop vous soucier du bruit que vous faites.

La nuit, faites dormir bébé dans une chambre sombre. Baissez tous les stores. S'il se réveille pour une tétée, faites-le boire dans la pénombre et ne lui parlez pas. Changez sa couche seulement si c'est absolument nécessaire, pour éviter de trop le réveiller.

Si, à 5 mois, votre enfant ne dort pas six heures consécutives la nuit, tentez ce que j'ai essayé avec Rosemarie : dans la soirée, essayez de garder votre bébé éveillé le plus possible et donnez-lui tout le lait qu'il veut boire. Profitez-en pour lui donner un bain, le masser, le cajoler. Ensuite, couchez-le à la même heure que vous. Si, à 3 h, votre Petit Loup se réveille, allez le voir. Assurez-vous qu'il n'a pas trop chaud ou trop froid et essayez de le rendormir en le touchant doucement. S'il ne pleure pas trop, évitez de le prendre dans vos bras. Si cela ne fonctionne pas, faites réchauffer un peu d'eau dans un biberon de 4 oz (120 ml) que vous lui donnerez bien calé au creux d'une petite couverture, alors que lui est allongé sur le côté. Assurez-vous que le biberon est bien stable.

S'il pleure encore, retournez le voir et rassurez-le en le touchant. Il faut que vous acceptiez que votre Petit Loup pleure un peu la nuit. Si vous répondez au moindre petit reniflement après minuit, cela prendra bien des lunes avant que bébé puisse faire ses nuits. À vous d'apprendre à interpréter les pleurs de votre enfant.

Si, après une semaine, la méthode n'est pas satisfaisante, donnez-lui un petit morceau de banane mûre écrasée après son dernier boire de la soirée, pendant environ une semaine. Cela devrait fonctionner !

Les siestes

Il faut comprendre que certains enfants ont moins besoin de sommeil que d'autres, comme chez les adultes. Si votre enfant ne veut plus faire la sieste alors que les autres du même âge la font encore, ne vous inquiétez pas tant qu'il ne montre pas de signes de fatigue excessive et que son sommeil nocturne est de bonne qualité.

C'est aussi un apprentissage de faire la sieste. J'y crois fermement. Dès l'âge de 6 mois, commencez à coucher votre bébé le jour, toujours aux mêmes heures, par exemple : 9 h 30, 13 h et 16 h 30. Ne le laissez pas dormir plus de deux heures à la fois et ensuite, gardez-le éveillé jusqu'à sa prochaine sieste.

Vers 9 mois, il va dormir à 10 h et à 15 h, et après 18 mois, une seule fois vers 13 h. Si vous installez un rituel et la régularité des siestes dès 6 mois, comme pour les repas, vous avez de bonnes chances que votre enfant aime et ait besoin de faire la sieste.

C'est très pratique pour les parents de savoir que leur bébé dort toujours à la même heure dans la journée. Cela aide à organiser le quotidien, surtout si vous avez d'autres enfants plus âgés.

Dans la majorité des garderies, on suivra l'horaire établi par les parents pour les repas, les boires et les siestes d'un bébé de moins de 18 mois.

Une journée à l'envers

Un bon matin, votre bébé va peut-être se réveiller avec la ferme intention de chambarder tout son horaire ! Il a mal au ventre, il pleut dehors, une dent veut percer, il n'est pas chez lui... toutes les raisons sont bonnes pour que bébé décide que, aujourd'hui, rien ne va plus.

C'est arrivé à Victoria vers 9 mois. Pendant deux jours, elle ne voulait plus boire de lait ! Elle mangeait un peu, ne dormait pas plus de 15 minutes à la fois et la vue du biberon lui était insupportable ! Elle était maussade et bavait beaucoup, alors j'en ai déduit qu'une dent allait percer. Deux jours plus tard, aucune dent n'avait poussé et elle s'est remise à boire ses biberons avec joie et entrain.

On n'a jamais su ce qui s'était vraiment passé.

Le bébé trop matinal

Si vous trouvez que 5 h c'est trop tôt pour commencer la journée avec votre bébé de plus de 8 mois (avec raison !), voici une façon pour l'aider à prolonger sa nuit : à son réveil, faites jouer un peu de musique douce dans sa chambre, changez sa couche, ne lui parlez pas, donnez-lui un biberon d'eau tiède, remettez-le au lit avec quelques jouets, sortez et fermez la porte.

S'il pleure un peu, laissez-le faire. S'il pleure plus fort, allez-le réconforter un petit moment en l'intéressant aux jouets qu'il a dans son lit et ressortez. Il va peut-être se rendormir.

Une heure plus tard, s'il ne dort pas, donnez-lui son premier boire de la journée, puis attendez l'heure habituelle pour lui donner son déjeuner.

Il faut que bébé mange son premier repas de la journée toujours à la même heure indépendamment de l'heure du réveil. Si vous décidez de lui donner son déjeuner à 6 h chaque fois qu'il se réveille à 5 h, il deviendra matinal car il sera réveillé par la faim.

Une bonne habitude à prendre

Le premier pas vers l'autonomie est de commencer par lui apprendre à jouer seul de temps en temps.

Vers 5 mois, une fois par jour, laissez votre bébé jouer seul dans son lit ou dans son parc avec quelques jouets conçus pour son âge et de la musique entraînante. Il ne faut pas qu'il vous voie.

Laissez-le seul pendant environ 20 minutes ou jusqu'à ce qu'il manifeste qu'il en a assez. N'attendez pas que votre enfant pleure trop avant d'aller le retrouver parce qu'il n'aimera pas répéter l'expérience.

Mes filles ont beaucoup apprécié ces intermèdes. Vers 10 mois, elles pouvaient rester une heure complète à s'amuser paisiblement, parfaitement heureuses.

Pendant ce temps, nous pouvions souper tranquillement entre adultes, naviguer sur Internet ou… écrire un petit livre sur l'alimentation des bébés !

Une journée dans la vie d'un bébé de 9 mois

7 h	Réveil
7 h 15	Lait, 8 oz (240 ml)
8 h 15	**Déjeuner** : 8 c. à thé de céréales d'avoine mélangées avec 1 cube-cantaloup, 2 c. à thé de yogourt nature mélangé avec 1 cube-prune
10 h à 12 h	Sieste

12 h	Lait, 6 oz (180 ml)
12 h 30	Période de jeu, seul, dans le parc ou le lit (env. 30 min)
13 h	**Dîner** : 1 cube-veau, 1 cube-brocoli, 1 cube-panais, 1 morceau de mangue

14 h	Biberon d'eau avec un peu de jus de raisin
15 h à 17 h	Sieste
17 h	Lait, 5 oz (150 ml)

18 h	**Souper** : 1 cube-lentilles, quelques haricots jaunes entiers, 1 cube-carotte, 1 quartier de pomme
18 h 30	Période de jeu, seul, dans le parc ou le lit (env. 30 min)
20 h	Lait, 6 oz (180 ml)
20 h 30	Coucher

Une journée bien remplie !

Menus pour la semaine

Les déjeuners à 7 et 8 mois

1
5-6 c. à thé de céréales d'avoine
Jus d'orange
1-2 c. à thé de fromage cottage
1-2 cube-cantaloup

2
5-6 c. à thé de céréales mixtes
Jus de raisin
2 c. à thé de yogourt nature
1 morceau de banane écrasée

3
5-6 c. à thé de céréales de blé
Jus de pomme
1/2 jaune d'œuf écrasé
1-2 cube-pêche

4
5-6 c. à thé de céréales de riz
Jus de melon maison
1-2 c. à thé de fromage cottage
1-2 cube-poire

5
5-6 c. à thé de céréales d'orge
Jus d'orange
2 c. à thé de yogourt nature
1-2 cube-pomme

6
5-6 c. à thé de céréales d'avoine
Jus d'ananas
1/2 jaune d'œuf écrasé
1-2 cube-prune

7
5-6 c. à thé de céréales mixtes
Jus de raisin
1-2 c. à thé de fromage cottage
1-2 cube-papaye

Les dîners à 7 et 8 mois

1
1 cube-poulet
1 cube-brocoli
1 cube-mangue

2
1 cube-agneau
1 cube-carotte
1 cube-pomme

3
1 cube-veau (ou poisson)
1 cube-asperge
1 cube-poire

5
1 cube-légumineuse
1 cube-haricot vert
1 cube-pomme

4
1 cube-dinde
1 cube-patate douce
1 cube-abricot

6
1 cube-porc
1 cube-chou-fleur
1 cube-pêche

7
1 morceau de tofu
1 cube-petit pois
1 morceau de banane écrasé

Les soupers à 7 et 8 mois

1
5-6 c. à thé de céréales de maïs
1 cube-poireau
1 cube-haricot jaune

2
5-6 c. à thé de céréales de soya
1 cube-courge
1 cube-chou-fleur

3
5-6 c. à thé de céréales de riz
1 cube-brocoli
1 cube-petit pois

4
5-6 c. à thé de céréales d'orge
1 cube-pois mange-tout
1 cube-pomme de terre

5
5-6 c. à thé de céréales de maïs
1 cube-fève de soya
1 cube-patate douce

6
5-6 c. à thé de céréales de soya
1 cube-courgette
1 cube-citrouille
1/2 jaune d'œuf écrasé

7
5-6 c. à thé de céréales d'orge
1 cube-haricot vert
1 cube-courge

Les déjeuners de 9 à 11 mois

1

7-8 c. à thé
de céréales mixtes
Jus d'orange
1 cube-kiwi
1 cube-pêche
1 morceau
de fromage doux

2

Demi-rôtie de blé entier
tartinée de compote de pommes
Jus de raisin
1 morceau de banane
1 cube-cantaloup
Fromage cottage

3

7-8 c. à thé de céréales d'avoine
Jus de melon maison
1 quartier de poire
1 cube-pomme
Yogourt nature

5

7-8 c. à thé de céréales
de soya
Jus d'ananas
1 cube-abricot
1 cube-pêche
1 morceau
de fromage doux

4

7-8 c. à thé de céréales de blé
Jus de pomme
1 quartier d'orange
1 cube-ananas
1/2 jaune d'œuf écrasé

6

Demi-rôtie
de pain aux raisins
Jus d'orange
1 cube-mangue
1 cube-prune
Yogourt nature

7

7-8 c. à thé de céréales de riz
Jus de raisin
1 cube-kiwi
1 morceau de banane
1/2 jaune d'œuf écrasé

Les dîners de 9 à 11 mois

1
1 cube-agneau
1-2 cube-courge
1 cube-poire

2
1 cube-bœuf
1-2 cube-épinard
2 quartiers d'orange

3
1 cube-poulet
1-2 cube-betterave
1 cube-pomme

4
1 cube-poisson blanc
1-2 cube-patate douce
1 cube kiwi

5
1 cube-dinde
1-2 cube-maïs
1 cube-mangue

6
1 cube-veau
1-2 cube-asperge
1 cube-pêche

7
1 cube-foie de poulet
1-2 cube-carotte et persil
1 cube-pomme

Les soupers de 9 à 11 mois

1
1 cube-légumineuse
1 cube-haricot vert
et oignon
1 cube-chou
1 cube-pêche

2
Morceau de tofu
1 cube-panais
1 cube-courge
1 quartier de pomme

3
Macaroni au fromage
1 cube-poireau
1 cube-épinard
2 quartiers d'orange

5
1 cube-légumineuse
1 cube-céleri
1 cube-pois mange-tout
2 c. à thé de yogourt nature
avec un cube-prune

4
6 c. à thé de céréales d'orge
1 cube-petit pois
1 cube-panais
1 biscuit d'arrow-root

6
6 c. à thé de céréales de maïs
1 cube-fève de soya
1 cube-brocoli
Quelques raisins rouges
coupés en quatre

7
Morceau de tofu
1 cube-navet
1 cube-asperge
1 morceau de mangue

Les déjeuners à 12 mois

1
Demi-rôtie de pain de céréale
   avec un peu de beurre
Jus de raisin
1 cube-mangue
1 clémentine entière
Fromage cottage

2
Céréales d'avoine
Jus d'orange
1 cube-prune
1 morceau de banane
Yogourt nature

3
Céréales de blé
Jus de raisin
1 cube-poire
1 quartier de pomme
1 œuf à la coque

4
Demi-rôtie de pain de blé
   tartinée de compote de pommes
Jus d'ananas
1 cube-abricot
Quelques fraises
Fromage doux

5
Céréales de soya
Jus de pomme
1 cube-cantaloup
1 quartier de poire
Yogourt nature

6
Demi-rôtie de pain de céréale
   avec un peu de beurre
Jus d'orange
1 cube-pêche
Quelques raisins verts
   coupés en quatre
1 œuf brouillé avec un peu de lait
   et de fromage

7
Céréales mixtes
Jus de pomme
1 cube-kiwi
Quelques bleuets
Fromage cottage

Les dîners à 12 mois

1

Omelette (1 œuf)
  au fromage et oignon
2 cubes-courge
1/2 poire

2

Boeuf
1 cube-épinard
1 cube-poireau
2 quartiers d'orange

3

Spaguetti sauce à la viande
2 cubes-courgette
1 biscuit d'arrow-root

5

Veau
2 cubes-carotte
Yogourt nature et
  1 cube-fraise

4

Porc et pomme
1 cube-pomme de terre
1 cube-brocoli
1 cube-ananas

6

Poulet ou foie de poulet
  coupé en lanières
1 cube-chou-fleur
1 cube-patate douce
1/2 pomme

7

2 cubes-légumineuse
Haricots verts entiers
Pouding au riz

Les soupers à 12 mois

1
Poisson blanc et oignon
2 asperges entières
1 cube-navet
1 biscuit d'arrow-root

2
Céréales de maïs
Haricots jaunes entiers
1 cube-pois mange-tout
1 quartier de pomme

3
Poulet et riz
2 cubes-petits pois
1 cube-abricot

4
Morceau de tofu
1 cube-betterave
1 cube-carotte
Quelques raisins secs

5
2 cubes-légumineuse
1 tranche de tomate
1 cube-épinard
Compote de pommes
   non sucrée

6
Macaroni au fromage
1 cube-brocoli
Quelques morceaux d'avocat
Pouding au riz

7
Céréales d'orge
2 cubes-chou
1 cube-aubergine
Fromage doux

Un coup de cœur

LA MÈRE POULE^{MD}

Lorsque Victoria est née, j'avais peu de temps pour préparer des purées variées. J'avais toujours le même problème avec les purées de viande que je trouvais difficile à faire et je n'avais ni l'envie ni le temps de peler vingt abricots ou d'épépiner un melon d'eau. J'ai découvert alors La Mère Poule^{MD}.

Quelle heureuse trouvaille ! Il s'agit d'une petite entreprise familiale qui fabrique depuis 1994 une grande variété de purées maison, exactement comme vous les feriez chez vous ! Outre les purées de viande, de légumes et de fruits, vous pourrez trouver les « mets juniors » (pour bébés de plus de 9 mois) comme le poulet aux aubergines, la blanquette de veau, la moussaka végétarienne, le dindon aux agrumes, le macaroni aux fromages, les cigares au chou… et plusieurs autres.

Les produits de La Mère Poule^{MD} sont distribués dans la plupart des supermarchés Provigo, Maxi, IGA, Métro et plusieurs pharmacies Jean Coutu.

Voici les coordonnées de cette entreprise :

La Mère Poule
2905, rue Bergman
Laval (Québec)
Tél. : (450) 978-3337 Téléc. : (450) 978-2711

En terminant

J'aimerais terminer ce petit ouvrage en rendant hommage aux parents et à leur intelligence.

Vous êtes, bien avant le médecin, les personnes les plus compétentes en ce qui concerne votre enfant. Vous connaissez sa respiration par cœur, les raisons de ses pleurs, ses malaises juste à l'écouter bouger dans son lit. Vous distinguez son petit reniflement et les changements de son caractère annonçant les rhumes et autres problèmes de santé. Vous reconnaissez ses comportements normaux et anormaux. Jamais un médecin ne saura vous surpasser dans ce domaine-là.

Un jour, une amie m'a raconté qu'elle s'était levée la nuit, sans savoir pourquoi, qu'elle s'était dirigée vers la chambre de sa fille de trois ans et qu'elle l'avait attrapée au vol avant que celle-ci tombe de son lit ! Je crois à cette intuition-là. Elle ne s'explique pas scientifiquement, mais elle existe chez tous les parents attentionnés.

Faites-vous confiance. Tant que votre bébé a bonne mine et prend du poids, vous n'avez pas de souci à vous faire. Transmettez-lui tout votre amour, votre bonne humeur, votre douceur... et le tour est joué !

Merci à Rosemarie et à Victoria de m'apprendre tant de choses.
Merci d'être là, mes amours...

Table des matières

Alerte à la bombe !
27

Les saveurs du mois
35

L'horaire, toujours l'horaire !
85

Remerciements

Par leurs commentaires ou leur talent de correcteur, certaines personnes ont participé à la rédaction de cet ouvrage.
Ils ont pris de leur précieux temps pour me lire, me relire et me communiquer leurs impressions.

Mille mercis à :

Bibiane Caron, Hélène Caron, Hélène Dansereau, Anne-Marie Deraspe, Lise-Marie Gravel, Michel Houde, Pierre Houde, Lorraine Labelle, Michel Labelle, Serge Labelle, Anick Lamothe, Marie-Claude Michaud, Brigitte Morel, Anne-Karyne Murray, Martine Raffin, Josée Vallée et Dr Robert Williams
ainsi que son équipe de l'Unité
de Médecine Familiale
de l'hôpital Charles LeMoyne

Bibliographie

FENWICK, Élizabeth, Association médicale canadienne, *Mon bébé, je l'attends, je l'élève*, Éditions Sélection du Reader's Digest, Montréal, 1997, 256 pages

LAMBERT-LAGACÉ, Louise, *Comment nourrir son enfant*, Éditions de l'Homme, Montréal, 1996, 295 pages

S. MENDELSOHN, Robert, *Des enfants sains... même sans médecin*, Éditions Soleil, Genève, 1989, 306 pages

Imprimé au Canada
2e trimestre 2001